Wolfgang Sorge

„Iste“ Goethe

Betrachtungen zu einem literarischen Liebesabenteuer

Danksagung

Mein persönlicher Dank gilt meiner Enkelin Annett, meinem Sohn Rainer und Christoph.

Wolfgang Sorge

„Iste“ Goethe

Betrachtungen zu einem literarischen Liebesabenteuer

Bibliografische Information der Deutschen Nationalbibliothek
Die Deutsche Nationalbibliothek verzeichnet diese Publikation in der Deutschen Nationalbibliografie; detaillierte bibliografische Daten sind im Internet über http://dnb.d-nb.de abrufbar.

Wolfgang Sorge
„Iste" Goethe
Betrachtungen zu einem literarischen Liebesabenteuer

Berlin: Pro BUSINESS 2011

ISBN 978-3-86386-074-5

1. Auflage 2011

Produktion und Herstellung: Pro BUSINESS GmbH
Gedruckt auf alterungsbeständigem Papier
Printed in Germany
www.book-on-demand.de

WOLFGANG SORGE, geb. am 23.08.1926 in Weimar, lebt mit seiner Frau Eva in Orlamünde / Thüringen. Er war über viele Jahre als Lehrer und Schuldirektor an Thüringer Schulen tätig und hat eine enge Bindung zu Weimar und deren Kulturgeschichte. Seit Jahrzehnten beschäftigt er sich mit den Werken Goethes und der Dichter aus der Hochzeit der Weimarer Kultur.

Das vorliegende Buch ist eine Auseinandersetzung mit einem relativ unbekannten Gedicht Goethes und bemüht eine Neuinterpretation des Stoffes unter Berücksichtigung historischer Fakten und Gegebenheiten zur Beziehung zwischen Johann Wolfgang von Goethe und Anna Amalia.

Viele Jahrzehnte wurde das Bild von Goethe im klassischen Weimar überliefert und gepflegt, und es könnte wahrscheinlich kaum noch etwas zugefügt werden. Inzwischen sind in den letzten Jahren einige Veröffentlichungen erfolgt, die daran rütteln.

Ich bin weder Germanist noch Historiker, aber in Weimar geboren und dort zur Schule gegangen. Damit hat man zwangsläufig eine besondere Beziehung zu dieser Stadt und ihrer Vergangenheit.

Das offizielle Weimar ist den neuen Erkenntnissen bisher weitgehend aus dem Wege gegangen, wohl weil es dafür keine stichhaltigen Beweise gibt. Gewisse Widersprüche und Ungereimtheiten im Goethebild haben jedoch zu neuen Betrachtungen geführt, die aber auch nur Vermutungen sind. Man könnte vielleicht beginnen, anders darüber zu denken, wenn man Goethes eigene Worte dazu hört. Ich bin mir bewusst, dass meine Vorstellungen sehr kritisch aufgenommen werden, aber nur durch solche Anstöße können Diskussionen darüber zustande kommen.

Anlass gab mir meine Enkelin Annett, die während ihres Mathematik-Studiums als Ausgleich Stadtführungen in Weimar durchführte, um sich ein Zubrot zu verdienen. Dadurch der Stadt, ihrer Geschichte und ihren berühmten Persönlichkeiten vertrauter geworden, beschäftigte sie sich weiter mit diesem Themenkreis. So fand sie im Internet einen Artikel mit der merkwürdigen Überschrift „Iste Goethe“ eines Peter Panter, der sich mit diesem Pseudonym als Kurt Tucholsky entpuppte. Er hatte ihn am 23.09.1920 auf S. 334 in Nr. 39 der Zeitschrift „Die Weltbühne“ veröffentlicht.

Es überraschte mich, dass sich dieser bedeutende

Mann ausführlich mit einem Gedicht Goethes beschäftigt hatte, das ich noch nicht kannte. Es trug die Überschrift „Das Tagebuch“. Schon das „Iste“ des Titels von Tucholsky fällt auf, wird aber sofort erklärt. Der Lateiner kennt das Pronomen iste, ista, istud. In der Übersetzung heißt die maskuline Form „dieser da, der da“ mit leicht verächtlicher Bedeutung. Dieses „iste“ wird uns noch mehrfach begegnen. Schon im zweiten Satz wendet es Tucholsky an:

> „Nun, dieser Goethe da ist Goethe heute noch für Menschen, die geschlechtliche Beziehungen nur zu dreierlei Zwecken anerkennen: als Objekt der medizinischen Forschung; als Unterlage für eine philologische Doktorarbeit (Friederike Brion, Frau von Stein - hat er? hat er nicht?); schließlich, weil es denn einmal sein muß: in der Ehe. Wir aber wollen istum Goethe betrachten.“

Wir wurden neugierig: Was sollte das mit Goethe zu tun haben?

Doch weiter mit Tucholsky:

> „Der Hyperion- Verlag zu Berlin hat in seiner Dionysos- Bücherei „Das Tagebuch“ als Sonderdruck herausgegeben, jenes wenig bekannte Gedicht von Goethe, das in der großen Weimarer Ausgabe zu finden ist und in dem entzückenden, längst vergriffenen Goethe-Brevier von Hardeben - sonst aber nirgends.“

Das war vor 90 Jahren, und es ist anzunehmen, dass sich daran nicht viel geändert hat. Mit 28 von 192 Versen versucht Tucholsky, uns das Gedicht verständlich zu machen. Mehrfach schreibt er andeutungsweise von sexuellen Vorgängen, zitiert aber keine. Vorsichtig fährt er fort:

> „Es ist", spricht der Weise, „das große Geheimnis, welches nie und nirgends deutlich erwähnt werden darf, aber immer und überall sich, als die Hauptsache, von selbst versteht und daher den Gedanken aller stets gegenwärtig ist, weshalb auch die leiseste Anspielung darauf augenblicklich verstanden wird. Das Belustigende liegt in der stetigen Verheimlichung der Hauptsache."

In diesem Zusammenhang erwähnt er einen Hänschen Heinzchen Ewersch, der einsamen jungen Damen alles Mögliche fürs Geld bietet. (Hans Heinz Ewers, 1871 - 1943, schrieb fantastische und erotische Bücher, 1934 von den Nazis als dekadent verboten. d. Verf.)

Die Neugier stieg weiter an, doch ohne das Gedicht kam ich nicht weiter. Nur bruchstückhaft erkennt man etwas vom Verlauf des Geschehens, von Impotenz, dem Volksbrauch des Nestelknüpfens und dem Ablauf einer Erinnerungsspule, wie Goethe seine wahre Geliebte zu Hause kennen lernte. Ich bat also Annett, nach dem Gedicht zu suchen, was ihr auch gelang. Ein Michael Sorger hatte es ins Internet gestellt und damit einer größeren Öffentlichkeit zugänglich gemacht.

Wir waren überrascht vom Werk unseres Dichterfürsten, das wir in unseren kühnsten Träumen nicht erwartet hatten. Uns wurde klar, warum es kaum bekannt war. Erstaunlich, dass Tucholsky es gewagt hatte, dieses literarische Meisterstück aus seiner Verborgenheit geholt zu haben, obgleich er nur zaghaft andeutet, was Goethe offen aussagt.

Merkwürdig auch, dass es bis heute noch keine besondere Beachtung gefunden hat.

Inzwischen sind 90 Jahre vergangen; die Welt hat sich rasanter als je zuvor verändert, auch die Moralansichten sind gewandelt. Wir diskutieren heute über Retortenbabys, pränatale Untersuchungsmethoden, Schutz vor AIDS, über Verhütungsmethoden schon im Biologieunterricht der Schule und kennen Beate Uhse Shops. Tucholsky hatte sich schon weit aus dem Fenster gelehnt, aber diese Entwicklung konnte auch er nicht vorhersehen.

Zunächst einen Überblick über die Handlungen im Gedicht, realistisch und gekonnt, dass nur eigene Erlebnisse und nicht dichterische Fantasie als Grundlage angenommen werden können.

Es entstand 1810 auf der Rückfahrt Goethes von seiner dritten Schweizer Reise. Kurz vor der Ankunft in Weimar hat er einen Schaden am Wagen, dessen Reparatur ihn zur Übernachtung in einer Herberge zwingt. Dort begegnet er einem Mädchen als Bedienung, das ihn sofort gefangen nimmt. Die Behaglichkeit und Schönheit dieses ersten Eindrucks umnebeln seine Sinne, die „Federworte“ in sein Tagebuch gelingen ihm nicht so flüssig wie sonst, und mehr und mehr unterliegt er dem Zauber des Mädchens.

So musste es geschehen: der Dämon Leidenschaft packt ihn, er kann sich nicht beherrschen - doch sie entwindet sich ihm noch einmal, verspricht aber wiederzukommen. Nach Mitternacht das Ersehnte, vergessen die Lieben zu Hause, gefangen von der Leidenschaft - das Mädchen steigt zu ihm ins Lager. Sie erklärt ihre Zuneigung und ergibt sich ihm als Erstem. Alle Bewerbungen hatte sie bisher ausgeschlagen, sie war als abweisend und sonderlich bekannt („blöde“ wurde damals in diesem Sinne gebraucht). Alles scheint seinen Lauf zu nehmen - doch plötzlich der Schock! Der dazu benötigte Körperteil versagt ihm den Dienst. Völlig unerwartet für uns gibt er ihm einen Namen - hier heißt er „Meister“.

Es überrascht, ein Tabu gebrochen zu sehen, denn mir ist aus der klassischen Literatur kein Beispiel bekannt, wo mit solcher Offenheit über sexuelle Vorgänge gesprochen wird. Tucholsky macht einen großen Bogen darum und deutet nur zaghaft an. Aber für Goethe ist der „Meister“ ein bedeutender Akteur im Gedicht, eigentlich die „Hauptperson“, die den weiteren Verlauf der Handlung entscheidend bestimmt.

Wie er sich auch wendet, es geht nichts mehr, für ihn eine völlig neue Erfahrung. Er sucht nach Ursachen und Erklärungen.

Da kommt ihm das Nestelknüpfen in den Sinn, eigentlich ein Aufbegehren gegen seine Leidenschaft mit vager Erinnerung an seine Christiane zu Hause.

Es war ein alter Volksbrauch, noch üblich zu Goethes Zeiten. Das Hochzeitsgewand der Braut besaß Bänder und Kordeln, und wenn es bei der Trauung der Braut gelang, heimlich einen Knoten zu knüpfen, erreichte sie dem Glauben nach die absolute Treue des Gatten. Goethe kannte aber auch den Gegenbann, den jeder Zauber besitzt, der das Nestelknüpfen wieder unwirksam macht: Der Bräutigam muss sich gleichzeitig segnen und bekreuzigen. Er hatte zwar nie so recht daran geglaubt, erkennt jetzt sein Versäumnis. Er wünscht sich lieber im Kriegsgetümmel als hier in „Schimpf“ zu liegen.

So hat auch er erfahren, wovor sich alle Männer fürchten. Über dieses Phänomen Impotenz rätseln heute noch alle möglichen Experten. Es ist unglaublich, wie offen und dichterisch vollendet Goethe diesen Zustand beschreibt, den Männer füglichst verbergen. Es ist schon genug, wenn die Partnerin ihn erlebt.

Doch in seinem Fall ist diese Sorge überflüssig, das herrliche Geschöpf an seiner Seite vermisst gar nichts. Erstaunt stellt er fest, dass Liebe und Sexualität bei Mann und Frau verschieden sein können. Vielleicht hat er sein Alter unterschätzt. Auf jeden Fall ist er verschreckt und sucht weiter nach Ursachen und Lösung des Übels.

Da steigt in ihm eine Erinnerung auf

> „... als deine Herrin dir zum ersten Male
>
> vors Auge trat im prachterhellten Saale ..."

und weiter

> „Vervielfacht war, was sich bewegte:
>
> Verstand und Witz und alle Lebensgeister
>
> und rascher als die andern jener Meister"

Diesen letzten Vers hat Tucholsky auch verschwiegen und fährt fort, dass an dieser Stelle eine unerhörte Steigerung folgt. Das geschieht auch, ich möchte sie nicht vorenthalten:

> „Brautleute wurden wir im frühen Jahre,
>
> Sie selbst des Maiens schönste Blum und Zierde;
>
> .....
>
> Und als ich endlich sie zur Kirche führte,
>
> Gesteh'ich's nur, vor Priester und Altare

Vor deinem Jammerkreuz, blutrünstiger Christe,

Verzeih mir's Gott, es regte sich der Iste

.....

Und wie wir oft sodann im Raub genossen

Nach Buhlenart des Ehestands heilge Rechte,

.....

An manchem Unort, wo ich's mir erfrechte,

Wir waren augenblicklich, unverdrossen

Und wiederholt bedient vom braven Knechte!“

Das war nun für uns der Schock! Das von Goethe, geschrieben vor 200 Jahren - einfach unglaublich. Wir wunderten uns nicht mehr, dass Tucholsky nicht deutlicher geworden war. Hat Goethe vielleicht an seinen Terenz gedacht: „Homo sum, humani nil a me alienum puto“ (Ich bin ein Mensch, nichts Menschliches ist mir fremd)?

Dazu ist nun einiges zu sagen: Der „Meister“ erhält Zuwachs an Benennungen: „Knecht“ und „Iste“. Warum dieses „Iste“? Goethe war bekanntlich der wortreichste Dichter deutscher Sprache, erst gefolgt von Thomas Mann. Wir können Einblick nehmen in eine Dichterwerkstatt, denn er suchte vermutlich ein Reimwort auf „Christe“. Das gelang ihm genial, denn einmal reimt sich „iste“ vorzüglich, und die besondere Bedeutung dieses lateinischen Pronomens passt dazu noch für den „Meister“, dessen Bewegung an einem heiligen Ort völlig unpassend ist.

Doch weit bedeutender war für uns ein Zweifel an der Annahme von Tucholsky, dass es sich bei diesem Geschehen um Christiane handeln sollte. Wörtlich schreibt er:

„... und plötzlich läuft die Erinnerungsspule ab: wie er seine wahre Geliebte zu Hause kennen lernte."

Wir ordnen die erste Begegnung Goethes mit seiner Christiane völlig anders ein. Sie erfolgte in aller Stille ohne jede Öffentlichkeit, er verbarg sie regelrecht in seinem Gartenhaus an der Ilm. Erst Fritz von Stein berichtete seiner Mutter von der Anwesenheit bei Goethe. Der weist im Gedicht seiner Ehefrau, die sie seit 1806 war, jedoch eine recht bedeutende Rolle zu, denn er gesteht ihr an mehreren Stellen seine Liebe:

„Von meiner Trauten lange Zeit entfernet,
Wie's öfter geht, nach irdischem Gewinne,
So hatt' ich doch nur sie im Sinne;"

Und im weiteren Verlauf der Handlung:

„... Ich nahte mich der heimischen Pforte,
Entfernen wollten mich die letzten Stunden,
Da hab ich nun, am sonderbarsten Orte,
Mein treues Herz aufs neue dir verbunden."

So nimmt es kaum Wunder, dass Tucholsky auch die anderen Passagen des Gedichts Christiane zuordnet, zumal von Kirche und Altar die Rede ist.

Für mich gibt es keinen Zweifel, dass Goethe nur Christiane meinte, zu der er zurückkehren wollte. Das Wort „Traute" ist eine Kurzform für „Angetraute", also für seine Ehefrau. Auch der Vers

„wie's öfter geht, nach irdischem Gewinne ..."

lässt darauf schließen, dass er seinen Hausstand meint. Mir ist die offizielle Meinung bekannt, dass Goethe Christiane nur in dem Gedicht „Gefunden" in seinen Werken verewigt habe. Hat man „Das Tagebuch“ vergessen? Nicht nur Sigrid Damm hat Christiane in Ihrem Buch „Christiane und Goethe“ ein würdiges Denkmal gesetzt. Schon Ida Boy-Ed schrieb vor fast 100 Jahren in ihrem Buch „Das Marthyrium der Charlotte von Stein“ über sie

> „Sie war keineswegs nur der „Bettschatz“, als welchen sie Goethes Mutter sie, übrigens in freundlicher Gesinnung, einmal bezeichnete. Sie versuchte mit immer besser erwachendem Verständnis in seine Geisteswelt einzudringen; er unterrichtete sie von seinen im Entstehen begriffenen Dichtungen, sie wusste der Häuslichkeit eine solche Luft des Behagens zu geben, dass Goethe geradezu diese Tatsache als seinem Schaffen förderlich erwähnte. Seine Sachen, Kleider, Haus, Vermögen und Bücher hielt sie in bester Ordnung; er brauchte sich nicht am geringsten Objekt zu stoßen und spürte jede Art von Erleichterung durch ihr Walten. Noch nach Jahren dieser Ehe „ohne Zeremonie“ schreibt er an Christiane Briefe voller Leidenschaft“ (S. 36)

Leider haben Missachtung und totale Fehleinschätzung ihrer Bedeutung für Goethe über 200 Jahre hinweg bis heute noch zu wenige Korrekturen erfahren. Würdigungen wie durch Sigrid Damm bilden eine rühmliche Ausnahme.

Wie abfällig über sie während ihres tätigen Waltens gedacht und gehandelt wurde, möge aus dem Briefwechsel zwischen Goethe und Schiller hervorgehen. Wochenlang lebte Schiller in Vollpension in Goethes Haus und wurde dort von Christiane und ihren Helfern mit allem versorgt. Aber er fand nie ein

Wort des Dankes oder Anerkennung, nicht einmal einen Gruß an sie. Goethe gedachte stets Schillers Frau und richtete Grüße an sie aus. (Der Briefwechsel zw. Schiller u. Goethe)

Natürlich hat Goethe eine kirchliche Trauung erlebt, und die Braut war Christiane. Man stelle sich aber die Umstände vor, die zu diesem Zeitpunkt herrschten. Es waren Kriegswirren, Drangsalierung und Furcht, Weimar besetzt von den marodierenden Truppen Napoleons. Wenige Tage waren erst vergangen nach der verheerenden Niederlage der preußischen Armee am 14. Oktober in nächster Nähe bei Jena und Auerstädt. Goethe äußert sich nur wenig über die Turbulenzen, die auch sein Haus betroffen hatten. Aber für ihn war es eine Zäsur. 5 Tage nach der Katastrophe fand die kirchliche Trauung in der Jakobskirche statt, die Hauptkirche St. Peter und Paul war Lazarett der Franzosen.

Dort soll er - man verzeihe mir das offene Wort - eine Erektion gehabt haben? Im Alter von 57 Jahren? Schon 18 Jahre mit Christiane ohne Trauschein zusammen? Er verzweifelt an Gott und der Welt, spricht vom Jammerkreuz und blutrünstigem Christe!

Er kann doch nur das herrschende Elend beschwören, unter dem das Land und die Menschen litten. Was mag in ihm vorgegangen sein, als er das wenige Jahre später schrieb?

Aber diese Trauung mit Christiane kann im Gedicht dennoch nicht gemeint sein. Schon in der Reihenfolge der Vorgänge gibt es einen Widerspruch. Erst ist von Priester und Altar die Rede, dann aber vom „Raub“ an manchem Unort genossenen heiligen Rechten des Ehestandes. Mit Christiane hat er nie in einem „prachterhellten Saale“ getanzt. Vom frühen Jahre ist die Rede, genauer vom Mai. Goethe aber hat Christiane erst im Juli kennengelernt. Nach Sigrid Damm haben sie lebenslang den 12. Juli als ihren eigentlichen Hochzeitstag gefeiert. (S. 114) Goethe war damals schon 39 Jahre. Im Gedicht heißt es aber

> „ ... jenes Bild, das ihm auf ewig teuer,
>
> mit dem er sich in Jugendlust vermählte ...“

Diese Vorgänge müssen sich demnach eher ereignet haben, nicht erst 1788 oder später.

Eine weitere Bemerkung im Gedicht bestärkt die Gewissheit, dass nie Christiane mit dieser Erinnerung gemeint sein kann:

> „Zum Schlusse findest du geheime Worte;
>
> Dies Büchlein soll dir manches Gute zeigen,
>
> das beste nur muß ich zuletzt verschweigen”

Das Tagebuch ist auch für sie geschrieben, aber wie kann er ihr etwas verschweigen wollen, was er mit ihr nach Tucholsky erlebt haben soll?

Ich habe lange nach einer Erklärung gesucht. In Goethes Erinnerungen in seinen Werken vermischen sich oft Dichtung und Wahrheit. Seit Sigmund Freud wissen wir, dass durch Träume unbewusste Wünsche, Gedanken und Konflikte in verschlüsselter Form zu Tage treten, dass sich zeitlich verschiedene Abläufe scheinbar gleichzeitig abspielen und verdrängte traumatische Erfahrungen besonders durch sexuelle Triebkräfte zum Spannungsausgleich nach außen drängen. Unter einer solchen neuro-tischen Stimmung durch die erlebte Impotenz sind die in Ort und Zeit verschiedenen Erlebnisse zu einer Einheit verschmolzen und führen zu den aufgetretenen scheinbaren Widersprüchen. (s. Brockhaus)

Als Goethe dieses Gedicht geschrieben hat, muss er einer solchen Neurose erlegen gewesen sein. Seine inzwischen verdrängten Erlebnisse aus früheren Jahren drangen als Traumbilder wieder an die Oberfläche. Sie mussten verarbeitet werden, zumal sie durch ihre Tiefe an Gefühlskraft nie völlig verdrängt worden waren. Vielleicht ist das auch eine Erklärung für die so offen dargestellten sexuellen Objekte und Vorgänge, die sonst bei ihm nicht zu finden sind.

Diese Besonderheit im Gedicht spricht wieder dafür, dass es sich nicht um dichterische Fantasien handelt, sondern dass reale Erfahrungen vorgelegen haben müssen. Solche Gefühlsausbrüche mit Schilderungen, die eigentlich einem Tabu unterliegen, sind nicht einfach hingeschrieben. Sie wirken wie eine Beichte, wie eine Erlösung von einem seelischen Druck, den er verlieren musste.

Hier ist sicher auch der Grund zu finden, warum das Gedicht fast 200 Jahre einen Dornröschenschlaf geführt hat. Möglicherweise wusste man nicht, wo und wie man es wegen seines brisanten Inhalts einordnen sollte. Es ist ein Verdienst Tucholskys, eine erste Interpretation vorgenommen zu haben. Ohne seine Rezension wäre es mir auch unbekannt geblieben.

Wenn also ausreichend gesichert ist, dass Christiane nicht die „Herrin“ seiner Erinnerung ist, wie Tucholsky vermutet hatte, wer soll es dann sein? Auf der einen Seite ist es ein Geheimnis, das er selbst Christiane verschweigen muss, auf der anderen ein innerer Zwang, sich offenbaren zu müssen.

Eigentlich kennen wir das bei Goethe. Wer hat sich nicht gewundert, dass er an fast keiner Beerdigung selbst seiner nächsten Freunde und Weggenossen teilgenommen hatte. Sobald ihn kritische Situationen trafen, flüchtete er ins Bett und in Krankheiten und war nicht mehr zu sehen. Nicht einmal die Erbschaftsangelegenheiten seiner Mutter nahm er wahr, er überließ sie völlig Christiane, die sie voll in seinem Sinne regelte.

Haben wir heute das Recht, dieses Geheimnis aufzudecken? Möglicherweise gab es Hinweise darauf in seinem Nachlass, den seine Enkel Walther und Wolfgang dem Großherzoglichen Haus 1875 vermacht hatten. Er hatte verfügt, dass sie erst 50 Jahre nach seinem Tod freigegeben werden sollen. Er muss dafür wohl Gründe gehabt haben! Auch das Gedicht veröffentlichte er erst 1814, hielt es somit noch Jahre zurück.

Zunächst könnte man sicher an Charlotte von Stein denken, denn das Liebesverhältnis Goethes mit ihr ist fester Bestandteil aller historischen Überlieferungen aus dem klassischen Weimar. Nur ist das besonders gekennzeichnet durch seine überaus unübliche Art, stets nur eine Seelenverwandtschaft ohne körperliche Nähe gewesen zu sein. Die erhaltenen Liebesbriefe an sie sind einmalige Zeugnisse einer tiefen Zuneigung. Man wundert sich wohl, wie Charlottes Ehemann darauf reagierte, der immerhin 7 Kinder mit ihr hatte. Diese spröde und abweisende Charlotte, die nach Sigrid Damm Goethe als Frau nicht zu erwecken wusste, kann nach dieser Ansicht auch nicht die „Herrin" gewesen sein.

Prinzipiell wird die Annahme dieser erotischen Gefühlskälte nicht mehr ganz vertreten, wenn auch dafür keine Beweise vorliegen. So kommt Norbert Leithold in seinem Buch „Graf Goertz, der große

Unbekannte“ mit äußerst exakten Fakten aus Goethes Tagebüchern zu Schlüssen, die jene sexuelle Enthaltsamkeitstheorie ad absurdum führen. Selbst die schon genannte Ida Boy-Ed kam mit dem sicheren Instinkt einer mitfühlenden Frau zu der Überzeugung, dass es auch erfüllte Sexualität gegeben haben müsste.

Aber zeitlich kommt Charlotte nach dem Gedicht auch nicht in Frage, denn Goethe lernte sie nicht „im frühen Jahre“ im Mai kennen, sondern im November. Ein ganzer Winter mit schon Liebesbeteuerungen in vielen Briefen ab Januar 1776 folgte darauf. Der Zeitpunkt dieser aller Welt bekannten Beziehung war demnach ein halbes Jahr früher.

Inzwischen hatte ich eine neue Entdeckung gemacht: In der großen Sophienausgabe von Goethes Werken fand ich vor dem Gedicht ein lateinisches Vorwort, das in der Internetversion des Michael Sorger fehlte. Was sagt uns Goethe damit recht definitiv (später stellte ich fest, dass dieses Vorwort ein Zitat des römischen Dichters Tibull ist):

> „- aliam tenui, sed iam quum gaudia adirem,
>
> admonuit dominae deseruitque Venus“

Mit meinen sicher mangelhaften Schulkenntnissen habe ich eine Übersetzung versucht, für jede richtigere und bessere wäre ich dankbar:

> „Bisher habe ich voller Anmut gedichtet, aber jetzt würde ich mit Freude darangehen, der Herrin zu gedenken und die Liebe preiszugeben.“

Damit eröffneten sich völlig neue Möglichkeiten, das Gedicht zu interpretieren.

Zunächst dürfte ausdrücklich angekündigt sein, dass Tatsachen aus seiner Vergangenheit vorliegen. Das Trauma der Impotenz hat sie wieder erlebbar werden lassen. Auch der Titel ließ schon darauf schließen, denn einem Tagebuch vertraut man aktuelle Ereignisse und Gedanken an.

Vergleichen wir nun die Aussage des lateinischen Prologs mit der des Gedichtes:

> Prolog:
>
> Goethe will etwas preisgeben, demnach muss es vorher unbekannt gewesen sein. Dabei handelt es sich um eine geheim gehaltene Liebesbeziehung zu einer „domina“, also einer für ihn besonders hochstehenden und verehrten Frau, was aber schon länger zurückliegt.
>
> Gedicht:
>
> Der Höhepunkt des Gedichts führt zur Erinnerung an eine für ihn bedeutsame Frau, einer „Herrin“, mit der er ein erfülltes Liebesverhältnis hatte, das aber geheim bleiben musste.

Damit vereinfacht sich die Frage nach der Herrin beträchtlich, denn jetzt sind alle uns von Goethe bekannten Frauenbekanntschaften in der Weimarer Zeit und auch vorher nicht mehr in der Auswahl. Es muss sich folglich um eine Liebe handeln, die von beiden Partnern geschickt verheimlicht werden konnte und nur einem äußerst geringen Mitwisserkreis bekannt war, der ebenfalls an der Geheimhaltung interessiert war. Dass das bestens funktioniert hat bis in unsere Tage, macht es besonders schwer, Licht in diese Beziehung zu bringen. Das

Liebesverhältnis muss auch nicht lange gedauert haben, sonst wäre es nicht wieder so weit vergessen gewesen, dass es unter den gegebenen Verhältnissen erst wieder phantomhaft in Goethes Gedächtnis aufgetaucht ist. Die Gründe dafür mögen Fachleute aufspüren, sie gehören nicht zu meinem Thema.

Man muss jetzt die Frage klären, wer aus der Umgebung Goethes in Frage kommt, mit dem Begriff „Herrin" bezeichnet zu werden.

Zeitlich muss man sich auf die ersten Jahre in Weimar beschränken, denn dort kann man wirklich von „Jugendlust" noch sprechen. Mit seinen 26 Jahren war Goethe ab 1775 in der stürmischsten Zeit seines Lebens. Gemeinsam mit dem noch jüngeren Herzog Carl August war er stets zu Streichen aufgelegt, die der etablierten Weimarer Gesellschaft die Stirn in Falten legen ließen. Bekannt ist, dass in dieser Zeit besonders Charlotte von Stein auf ihn mäßigend einwirkte. Sie lehrte ihn die Sitten, nicht nur am Hofe. Älter als er und vorbildlich in ihrer Lebensweise wirkt sie auf ihn sehr erfolgreich, abgesehen von der tiefen Liebe, die er für sie empfand.

Zu Goethes Zeiten war gesellschaftlicher Status die bedeutendste Voraussetzung für Würde und Anerkennung. Nur der höhere Rang in der jeweiligen Hierarchie garantierte eine Vorrangstellung. Was nützte damals persönliches Können in Wissenschaft, Kunst und anderen Bereichen des Lebens, wenn man nicht vom Adel oder anderweitig protegiert wurde. Nur Ausnahmegenies hatten damals eine Chance. Denken wir nur an die ewige Geldnot eines Friedrich Schiller.

Wenn dann eine Frau des Hochadels zu diesem Status noch durch umfangreiches Wissen, Können und vielfältige Interessen auf den verschiedensten Gebieten auffällt, mehrere Sprachen beherrscht, zeichnet, musiziert, komponiert und bereits erfolgreiche Lebensleistungen vollbracht hat, dann führt das zu höchster Anerkennung in ihrer gesamten Umgebung.

Goethe lernte eine solche Frau, die alle diese Vorzüge in sich vereinte, in Weimar kennen. Dazu war sie mit 36 Jahren eine attraktive Schönheit und in der Blüte ihrer Jahre: die vormalige Herzogin Anna Amalia von Sachsen - Weimar und Eisenach.

Er hat sie sicher schon bald nach seiner Ankunft in Weimar gesehen, aber das waren wie üblich nur Höflichkeitsbesuche. Doch durch den bekannten Musenhof der Anna Amalia in ihrem Palais, gemeinsame Theateraufführungen und Proben dazu sowie anderen Unternehmungen wird er ihre Ausnahmestellung bald erkannt haben. Der Erwähnung im Gedicht als der „Herrin im prachterhellten Saale“ muss aber ein anderer Anlass zugrunde gelegen haben. Vielleicht war im Mai 1776 ein Hofball, wo Goethe sie in völlig anderer Weise als hinreißende Lichtgestalt erlebte, wie er sie noch nicht kannte. Seit Goethes Ankunft im nasskalten November vorher war das wohl die erste Gelegenheit zu einem festlichen Ball, denn nach dem Schlossbrand 1774 musste sich der Hof erst ein neues Quartier schaffen.

Damit ist nicht gesagt, dass die im Gedicht der „Herrin“ zugesprochenen Liebeshandlungen Anna Amalia betreffen müssten. Ich hatte schon ausgeführt, dass auch Wunschvorstellungen und

Sehnsüchte sich mit realem Geschehen in vielfältiger Weise vermischen und verschiedene Erlebnisse zu unterschiedlichen Zeiten und mit anderen Partnern scheinbar gleichzeitig erlebbar machen.

So wird allegorisch ein Liebesverhältnis offenbart, wie es Goethe im Vorwort angekündigt hat. Es muss ungewöhnlich tief gewesen sein, sonst hätte es nicht diesen nachhaltigen Widerhall gehabt. Die Geheimhaltung war zwingend, denn eine Liaison einer Fürstin mit einem bürgerlichen Mann passte damals in keinen Moralkodex. Neu ist diese Erkenntnis einer heimlichen und verbotenen Liebe nicht, denn einige neuere Veröffentlichungen sind auf verschiedene Weise zum gleichen Ergebnis gekommen. So nutzte Norbert Leithold Goethes Tagebücher mit besonderen Zeichen und Symbolen sowie die Beobachtungen der Gräfin Goertz und kommt sogar zu einer „ménage à trois" (Ehe zu dritt, Dreiecksverhältnis) unter Einbeziehung der Charlotte von Stein. Ettore Ghibellino zeigt in seinem Buch „Goethe und Anna Amalia - Eine verbotene Liebe" Charlotte als selbstlose Helferin, diese Liaison zu ermöglichen und gleichzeitig geheim zu halten. Natürlich werden diese Vermutungen nur durch Indizien gestützt. Im Gedicht „Das Tagebuch" wird aber mit Goethes Worten selbst diese eigentlich gewagte Behauptung ausdrücklich bestätigt.

Ebenfalls müsste die sehr konstruierte Behauptung, Goethe habe vor seiner Reise nach Italien noch keine sexuellen Erfahrungen gemacht, zu den Akten gelegt werden. Auch das könnte zu den Fabeln gehören, die zur Verschleierung dieser Liaison dienen sollten.

So bleibt mangels fehlender Beweise nur übrig, mit Indizien aller Art näher zur Wahrheit zu gelangen.

Deren gibt es eine ganze Anzahl, die schon durch Veröffentlichungen bekannt sind. Ich möchte einige davon mit meiner Auffassung vertiefen bzw. ergänzen, um weitere Autoren anzuregen, es gleichermaßen zu tun.

Wie schon mehrfach erwähnt, gibt es für diese vermutete geheim gehaltene Liebe zwischen Goethe und Anna Amalia keine direkten Beweise, stets nur Andeutungen dazu.

Nach dem Erscheinen der Bücher von Ghibellino und Leithold ist aber die Wahrscheinlichkeit größer geworden, aus bisher unbeachteten Bemerkungen in anderen Zusammenhängen zu Folgerungen zu kommen, die zur Bestätigung dieser zunächst abenteuerlichen Behauptung führen können.

Dabei stütze ich mich vor allem auf die neueren Veröffentlichungen, denn erst in den letzten Jahren sind Zusammenhänge aus der Goethe-Zeit bekannt geworden, von denen mir in meiner Schulzeit vor 70 Jahren nichts bekannt war. Ich erinnere mich nicht, damals durch meine Lehrer von der Existenz einer Christiane Vulpius erfahren zu haben, auch vom „Bauhaus" hörten wir nicht einmal den Namen.

Man machte sich wohl kaum Gedanken über eine Eintragung von Goethe in sein Tagebuch am 11.08.1779, wo die Rede davon ist, dass Anna Amalia gegenüber Carl August eine „starke Erklärung" wegen einer längeren Abwesenheit mit Goethe gehabt haben soll (L. u. J. Berger: Anna Amalia von Weimar, S. 140). Die Bergers bringen diesen Eintrag in Zusammen-hang mit einer Verärgerung Carl Augusts über seine Mutter wegen ihrer verlegerischen Tätigkeit in Ettersburg.

Kann man das aber auch nicht ganz anders sehen, denn es ist recht aufschlussreich zu erfahren, dass Goethe mit Anna Amalia ohne Wissen Carl Augusts längere Zeit unterwegs war und beide augenscheinlich Mühe hatten, das dem Herzog ausreichend plausibel zu machen? Unter dem Gesichtspunkt einer damals existierenden Liaison der beiden wäre das ein interessanter Beleg für den Versuch, eine Weile ungestört zusammen gewesen sein zu können.

Ebenso aufschlussreich finde ich, welche engen Beziehungen Anna Amalia zu Goethes Mutter unterhielt. Dagmar von Gersdorff hat uns mit ihrem Buch „Goethes Mutter" wenig bekannte Einzelheiten erschlossen. Anna Amalia hat sie in den Jahren 1778 – 1780 dreimal in Frankfurt besucht und zehn Jahre lang intensiv mit ihr korrespondiert (S. 244 f.)Mehrfach wurde sie von Anna Amalia nach Weimar eingeladen. Wer wusste schon, dass Goethes Mutter Anna Amalia um die Gefälligkeit gebeten hat, ihrem „Hätschelhans" in Weimar zu einem Haus zu verhelfen?

Die Bergers arbeiten in ihrem Buch immer wieder heraus, dass Anna Amalia stets peinlich darauf bedacht war, die höfische Etikette gewahrt zu sehen und nötigen Abstand als Fürstin zu halten. Wie vereinbart sich das mit dem äußerst herzlich entwickelten Verhältnis einer Fürstin zur Mutter eines in Diensten ihres Sohnes stehenden besoldeten Hofbeamten?

Dass Charlotte von Stein ebenfalls Goethes Mutter besucht hat, ist noch zu verstehen, denn deren Verhältnis zu ihrem Sohn war kein Geheimnis mehr. Wo ist aber bei Anna Amalia ein Grund dafür zu finden? Eine Fürstin des Reichsadels und die bürgerliche Catharina Elisabeth Goethe? Auch Goethe selbst war damals noch nicht geadelt.

Folglich müssen Bedingungen geherrscht haben, die im zwischenmenschlichen Bereich zu suchen sind, unabhängig von Standesschranken der damaligen Zeit - was blieb da übrig als die Liebe? Ob Frau Gersdorff innerlich auch daran gedacht hat?

Natürlich kann das noch niemand beweisen, und für mich sind es auch nur Vermutungen. Vielleicht kommt es aber irgendwann doch zu einem gezielten Forschungsprogramm in diese Richtung.

Ebenso interessant finde ich die Rolle der Gräfin Goertz. Ich hatte schon auf das Buch von Norbert Leithold hingewiesen, der uns Johann Eustach Graf von Goertz als den „großen Unbekannten" vorstellt. Das ist er auch, denn trotz erheblichen Einflusses in seiner Zeit war er schon gar nicht bekannt in Verbindung mit dem Weimarer Herzogtum. Dabei war er 14 Jahre lang Oberhofmeister von Anna Amalia und damit bis 1775 für die Erziehung ihrer beiden Söhne verantwortlich.

So handelte er u.a. den Ehevertrag für Carl August mit der Herzogin Louise aus und war dann deren Oberhofmeister. Später diente er Friedrich dem Großen, dem Onkel Anna Amalias, als wichtiger Diplomat und war Staatsminister unter ihm und seinem Nachfolger. Wer hat das vor dem Buch von Leithold schon gewusst. Aber selbst im Großen Brockhaus mit seinen 24 Bänden ist er nicht zu finden! Das ist sehr merkwürdig, denn Männer selbst geringerer Bedeutung fehlen normalerweise in dem renommierten Lexikon nicht. Was hat das zu bedeuten, dass man erst jetzt von ihm erfährt?

Uns interessiert aber mehr seine Gattin Caroline, geb. von Uechtritz, die nach seiner Entlassung aus den Diensten in Weimar noch Jahre dort wohnen blieb und ihrem Mann außergewöhnlich viele Briefe schrieb. Zwar gehörte sie nicht mehr zum Hofe, war aber noch in die Weimarer Gesellschaft integriert und berichtete über das gesellschaftliche Leben in der Residenzstadt.

So hatte sie engen Kontakt mit Herder und dessen Frau. Bekanntlich war Herder von Goethe nach ihren früheren freundschaftlichen Beziehungen in Straßburg dem Herzog und Anna Amalia empfohlen worden, in Weimar wirken zu können. Gegen große Widerstände der Kirchenverwaltung wurde besonders durch Anna Amalia seine Anstellung als Generalsuperintendent und Oberkonsistorialrat 1776 durchgesetzt. Damit war er der höchste kirchliche Würdenträger des Herzogtums und auch höchste Moralinstanz.

Zwei Jahre später berichtete die Gräfin ihrem Mann am 1.5.1778 (N. Leithold, Graf Goertz, S. 152 f.), wie sich Herder bei einem Besuch bei ihr geäußert hatte: Er verachte die Mutter (gemeint ist Anna Amalia) und tadle den Favoriten (gemeint ist Goethe).

Das sind erhebliche Vorwürfe, die man erst einmal verdauen muss. Sie werden erhoben gegenüber seinen größten Gönnern in Weimar, denen er seine Anstellung verdankt, und sie werden im gleichen Satz gemeinsam genannt. Was mag er, Herder, wohl gemeint haben? Politische oder ähnliche Gründe können es nicht gewesen sein.

Von Herder ist aber bekannt, das er es mit der Moral sehr ernst nahm. So verwehrte er später Goethe die Taufe seines Sohnes August mit Christiane, weil denen das Sakrament der Ehe fehlte. Auch Leithold kam zu dem Schluss, dass Herder von der unerlaubten Beziehung Goethes zu Anna Amalia gewusst haben muss; sie wird ihm nicht verborgen gewesen sein. Aber er war wie alle seine Zeitgenossen in die Moralvorstellungen seiner Zeit eingebunden. Für ihn musste die Verbindung einer Fürstin mit einem Bürgerlichen unerträglich sein. Unternommen hat er nichts, denn offiziell war das nicht existent. Aber sein Verhältnis zu Goethe wurde ständig kühler.

Sollten solche Bemerkungen uns nicht aufhorchen lassen? Herder war doch nicht irgendwer? Und warum sollten wir an den Worten der Gräfin Goertz zweifeln? Leithold führt weitere Beispiele aus den Briefen an, die in diese Richtung weisen.

In der Literatur wird Carl August als Initiator für die Einladung Goethes nach Weimar genannt. Sollte er mit seinen 18 Jahren allein darauf gekommen sein? Bekannt ist doch, dass es Anna Amalia war, die drei Jahre zuvor Wieland schon als Erzieher ihrer Söhne gewonnen hatte.

Für mich ist es kein Zufall, dass es ausgerechnet aus der Zeit von 1775 - 1786 keine Briefe von Anna Amalia und Goethe gibt, die sie sich gegenseitig geschrieben haben. Das ist für die Kommunikation in dieser Zeit völlig ungewöhnlich, zumal aus anderen Quellen sicher ist, dass beide viele gemeinsame Aktivitäten betrieben haben. Bekannt ist auch, dass der Nachlass Goethes wie auch das Großherzogliche Archiv von der Großherzogin Sophie einer „Sichtung“ unterzogen worden ist, wobei „kompromittierendes Material“ vermutlich entfernt wurde. Was wird das wohl enthalten haben können?

Eine andere Möglichkeit dafür kann auch darin liegen, dass schon beide Akteure selbst alle Zeugnisse damals vernichtet haben, um das Geheimnis sicher zu bewahren.

Professor Trilse-Finkelstein erwähnt in einem Vortrag vor der Anna-Amalia und Goethe-Akademie zu Weimar eine Komtess von Gleichen - Rußwurm, in deren Familie die Liebe zwischen Anna Amalia und Goethe schon immer bekannt gewesen wäre. Man höre und staune, was mir der große Brockhaus verriet: Das waren Nachfahren von Schiller! Die jüngste Tochter Schillers, Emilie, wurde noch zu Lebzeiten Schillers am 25.07.1804 in Weimar geboren, heiratete 1828 den bayerischen Kammerherrn Heinrich Adelbert Freiherr von Gleichen - Rußwurm. Hat diese Familie vielleicht auch ein Archiv, das noch nicht erschlossen ist? In dem Buch „Goethe und seine Opfer" von Tilman Jens wird im Zusammenhang mit Charlotte von Stein eine „Lida" erwähnt. Die zartesten Verse Goethes seien dieser Lida und nicht Charlotte gewidmet. Jens bezeichnet diese Lida als eine nicht existierende Gestalt seiner „Privatmythologie", einzig für ihn existent (S. 78). Sollte Lida vielleicht ***L***iebe ***i***nnig ***D***ich ***A***malia heißen? Nach den neuen Erkenntnissen könnte das doch möglich sein! Es gibt noch zwei weitere Damen, denen Goethe - außer Charlotte - ebenfalls Liebesgedichte widmete: Lina und Lila. Sind das auch solche Abkürzungen? Es fiel mir nur auf, dass alle 3 Namen mit L begannen und mit A endeten.

Mehrfach ist mir eine Äußerung Goethes gegenüber Kanzler Müller begegnet:

> „Die wahre Geschichte der ersten zehn Jahre meines weimarischen Lebens könnte ich nur im

> Gewande der Fabel oder eines Märchens darstellen, in dem Amalia als allmächtige Fee alles belebt und schafft ... Wie es im Einzelnen zugegangen, bleibt mein eigenstes Geheimnis ...“ (Ilse Nagelschmidt: Alles um Liebe, S. 234)

Interessant, dass hier erstmals von Goethe Anna Amalia namentlich erwähnt wird. Hohe Achtung zolle ich dem Prinzen Michael von Sachsen - Weimar und Eisenach, der sich solider Forschung einer engeren Verbindung zwischen Goethe und Anna Amalia nicht verschließt. (Alles um Liebe S. 13)

Von ganz besonderer Bedeutung für uns war wiederum eine Aussage von Goethe selbst, wenn auch indirekt, in einem Gespräch mit Eckermann vom 7. Oktober 1827. Es zeugt davon, dass Anna Amalia eine sehr intime Rolle in seiner ersten Zeit in Weimar gespielt haben muss. Er hatte gar nicht die Absicht, das zu offenbaren, suchte nur ein Beispiel für merkwürdige Kräfte, die ohne unser Wissen in unser Leben eingreifen. Ihm ging es um Erfüllung von Wünschen, an die man nur fest genug glauben sollte. Auch in anderen Veröffentlichungen wird von diesem Gespräch Gebrauch gemacht. Als Weimarer möchten wir das mit unseren Ortskenntnissen ergänzen:

> „Indessen war ich an der Esplanade hinunter gegangen und bis an das kleine Haus gekommen, das in späteren Jahren Schiller bewohnte, als es mich anwandelte umzukehren und zurück nach dem Palais und von dort eine kleine Straße rechts zu gehen“ (S. 520 f.)

Er musste folglich vom Palais gekommen sein, wenn er wieder dahin zurückkehrt. Dort war er die Treppe hochgegangen und umgekehrt, als er Stimmen von

Besucherinnen gehört hatte. Er muss also einen Schlüssel zum Palais gehabt haben, auch damals ließ man die Türen nicht offen. In diesem Palais aber wohnte Anna Amalia, nachdem sie die Amtsgeschäfte an Carl August abgegeben hatte.

Der Herausgeber meines „Eckermann", Prof. Dr. H.H. Houben, führt im Register auf S. 848 für diesen Vorgang Charlotte von Stein an. Deren Wohnung war aber von 1764 - 1777 ein ganzes Stück weg in der Kleinen Teichgasse Nr. 8, ihr Elternhaus ganz in der Nähe in der Scherfgasse. Die Gärten beider Häuser grenzten aneinander, wie Fritz von Stein später berichtete. (Fritz Kühnlenz: Erlebnis Weimar S. 61)

Eine Skizze nach einem Stadtplan von 1785 mag das augenfällig verdeutlichen:

1. (Wittums)palais Wohnsitz v. Anna Amalia
2. Elternhaus d. Charlotte von Stein
3. Wohnhaus d. Charlotte von Stein 1764-1777, Teichgasse Nr.8
4. Schillerhaus
5. Stadtkirche St. Peter u. Paul

------ geschilderter Weg Goethes

Grundriss von Weimar 1786 von Friedrich Lossius

Ab 1777 wohnte Charlotte von Stein sogar fast 1000 m entfernt am Ende der Stadt an der Ackerwand. Es ist also äußerst unwahrscheinlich, dass sie die gesuchte Geliebte gewesen sein könnte.

Aber nicht nur die Örtlichkeiten gebieten, dass sie es nicht gewesen sein kann:

> „... hielten wir unsere Hände noch immer gefasst und drückten uns und gaben uns zu verstehen, dass die Abwesenheit unsere Liebe nicht erkaltet. Ich begleitete sie bis vor die Tür, bis in ihr Haus. Sie ging auf der finsteren Treppe mir voran, wobei sie meine Hand hielt und mich ihr gewissermaßen nachzog. Mein Glück war unbeschreiblich..." (S. 520 f.)

Ich hatte mich schon an anderer Stelle über das besondere Flair der Charlotte von Stein ausgelassen. Entweder stimmt das überhaupt nicht, oder sie war es nach Goethes Schilderung nicht. Gerade in der ersten Zeit Goethes in Weimar soll sie noch extrem zurückhaltend gewesen sein, und von dieser Zeit ist im Gespräch die Rede.

Noch deutlicher wird alles, wenn man die Häuser vergleicht. In der Kleinen Teichgasse waren sie klein, besaßen nur ein Erd- und ein Obergeschoß. Unten wohnte man, oben schlief man. So ist es heute gewöhnlich noch im Einfamilienhaus. Wäre Goethe dort eine Treppe hochgegangen, wäre er in den Schlafzimmern der Familie Stein gelandet. Charlotte hätte in diese Räume sicher keine Freundinnen geladen.

Ganz anders das Palais der Anna Amalia. Dort waren im Erdgeschoß die Wirtschaftsräume. Zu den Wohn- und Gesellschaftsräumen der anderen Stockwerke konnte man nur über Treppen gelangen.

Wo kann also Goethe nach seiner Schilderung nur gewesen sein? Man muss solche Überlegungen anstellen, um Berichte dieser Art richtig beurteilen zu können. Dazu gehören hier genaueres Wissen über die Örtlichkeiten, Bauart der Häuser und die Wohngewohnheiten der Menschen.

Als ich einen Germanisten auf diese Umstände aufmerksam machte, erfuhr ich, dass man die Gespräche mit Eckermann nicht als Quellen verwenden könne. Schade eigentlich, denn mit Goethes Bemerkungen über die Einheit Deutschlands vom 28. Oktober 1828 hat man sich dieser Beschränkung nicht unterworfen. Über Jahrzehnte hat man davon regen Gebrauch gemacht.

An der Bedeutung, Würde und Größe von Goethe wie von Anna Amalia gibt es auch nach diesen Enthüllungen nicht die geringste Minderung. Sie werden uns aber menschlich sehr viel näher-gebracht, und viele Menschen werden sicher angeregt, sich wieder mehr mit unseren Weimarer Geistesgrößen zu befassen. Beide waren in dieser Hinsicht ein Opfer der gesellschaftlichen Verhältnisse ihrer Zeit, denen auch sie sich unterwerfen mussten. Was mag in Goethe vorgegangen sein, möglicherweise den Wünschen und Erwartungen von zwei Frauen gleichzeitig gerecht werden zu müssen. Die Höhen und Tiefen der Liebe zu Charlotte von Stein sind dokumentiert in den überlieferten Briefen, die Liebe zu Anna Amalia aber musste vor der Welt verborgen bleiben. Sicher wusste Charlotte davon, aber Anna Amalia war auch ihre Herrin, der sie ihre wirtschaftliche Existenz mit verdankte und der sie bedingungslos ergeben war. Wohl nicht nur zufällig hatte Ida Boy-Ed ihr Buch mit „Das Martyrium der Charlotte von Stein" betitelt. Vielleicht gehörte dieser Zustand für Goethe mit zu den Quellen seiner dichterischen Kraft und Größe, die wir heute bewundern. Er hat sich wohl im „Faust" selbst charakterisiert:

„Zwei Seelen wohnen, ach! In meiner Brust ..."

Doch endlich weiter im Gedicht: Goethes Erinnerungstraum hat Wirkung gezeigt. Er ist sich seines Zustandes wieder bewusst und beklagt ihn zornig:

„Verfluchter Knecht, wie unerwecklich liegst du!

Und deinen Herrn ums schönste Glück betrügst du."

Aber gleich darauf beginnt die Impotenz zu schwinden:

„Auf einmal ist er da, und ganz im Stillen

Erhebt er sich zu allen seinen Prachten;

.....

Wer hat zur Kraft ihn wieder aufgestählet,

Als jenes Bild, das ihm auf ewig teuer,

Mit dem er sich in Jugendlust vermählet?"

Hier deutet er an, dass die Hochzeit im Gedicht mit der Herrin nur allegorisch zu verstehen ist.

Die Erinnerung gibt ihm Sinne und Manneskraft zurück, und er besinnt sich des Zieles seiner Heimreise:

„... schaudert weg, vorsichtig, leise, leise

Entzieht er sich dem holden Zauberkreise"

Er verlässt das Lager mit dem schlafenden Mädchen und beginnt, in sein Tagebuch zu schreiben. Er ist wieder bei vollem Verstand und denkt an seine Lieben zu Hause, an Christiane und Sohn August. Sie sind jetzt seine Welt und Geborgenheit, die geträumten Geschehnisse liegen weit zurück, so schön sie auch waren.

Die erlebte Impotenz empfindet er als Krankheit, aber sie hat ihn vor der Versuchung bewahrt. Er kann getrost und mit gutem Gewissen nach Hause kommen, fühlt sich gesund und kräftig:

„Die Krankheit erst bewähret den Gesunden"

Der Morgen graut, es kräht der Hahn, das Mädchen erwacht, stutzt, blickt, schlägt die Augen nieder, schlüpft in sein Mieder und entschwindet. Er wirft sich in den Wagen

„...und lässt getrost sich zu der Liebsten tragen"

Die Moral von der Geschichte!

„Wir stolpern wohl auf unsrer Lebensreise.

Und doch vermögen in der Welt, der tollen

Zwei Hebel viel aufs irdische Getriebe:

Sehr viel die Pflicht, unendlich mehr die Liebe".

Es ist an der Zeit „Das Tagebuch" einer breiteren Öffentlichkeit bekanntzumachen und der Forschung neue Impulse zu geben.

Durch einen Glücksfall gelangte eine außergewöhnliche Prachtausgabe des Gedichts in meinen Besitz. Sie wurde 1973 in 7. Auflage vom Verlag der Nation, Berlin, herausgegeben. Sie ähnelt dem von Tucholsky erwähnten Goethe-Brevier von Hardeben, jede der 24 Strophen erhält eine eigene Seite. Aber das in Leinen gebundene Büchlein enthält eine weitere Kostbarkeit: jede Strophe wird auf einer eigenen, gegenüberliegenden Seite „gewürzt" durch eine dazu passende kolorierte Zeichnung von Prof. Max Schwimmer. Die Originale davon befinden sich in den Staatlichen Kunstsammlungen Dresden.

Ich war überrascht, dass wieder ein Verlag den Wert dieses Kunstwerks erkannt und ihm eine würdige Gestaltung gegeben hatte.

Doch damit nicht genug: eine weitere Größe der Weltliteratur kommt im Zusammenhang mit dem Gedicht in dem Büchlein zu Wort, kein Geringerer als Thomas Mann. Ein Briefauszug mit seiner Handschrift erscheint, datiert mit dem 24. Dezember 1953:

> „... und danken Sie freundlichst in meinem Namen auch Herrn Professor Schwimmer für das von ihm mit so genialisch leichter und feiner Hand illustrierte „Tagebuch", an dem ich große Freude habe. Ich habe für diese kecke Moralität immer eine besondere Neigung gehabt."

Vermutlich hatte jemand, der ebenfalls den Wert dieses Büchleins erkannt hatte, ihm damit zu Weihnachten ein Geschenk beschert. Leider ist nicht erkennbar, um wen es sich handelt.

Auch stellte der Verlag das lateinische Vorwort ohne Übersetzung an den Beginn. Neu war für mich, dass Goethe ein Zitat des römischen Dichters Tibull benutzt hatte, hier aufgeführt unter Tibull 1,5 v. 39.40.

Das ändert aber in keiner Weise meine Ansicht, dass Goethe sowohl mit dem Vorwort als mit dem Gedicht ein eigenes Erlebnis schildern will. Die römischen Worte passten genau auf eine dramatische Episode seines Lebens und erfahren eine dichterische Wiedergabe im Gedicht „Das Tagebuch“.

Es ist damit vergleichbar mit der seelischen Erschütterung, die wir in seiner Marienbader Elegie erkennen. Bei ihr wird unzweifelhaft anerkannt, dass reale Geschehnisse vorgelegen haben.

„Das Tagebuch“ passte jedoch dem Großherzoglichen Haus des 19. und 20. Jahrhunderts wie auch der offiziellen Goethe-Forschung nicht ins Konzept. Es wurde weitgehend verborgen gehalten oder der Öffentlichkeit nur kommentarlos vor-gestellt. Es sollte nur ein Gedicht unter anderen sein, zwar eine lehrreiche Fabel, aber ohne jeden Bezug auf sein Leben und seine Umwelt. Es konnte nicht sein, was nicht sein durfte, und wenn es schon ein Geheimnis gab, dann sollte es auch eines bleiben.

Es dürfte auch kein Zufall sein, dass solche bedeutenden Literaten wie Kurt Tucholsky und Thomas Mann von diesem Gedicht so fasziniert waren, dass sie sich darüber geäußert haben. Dasselbe gilt für den berühmten Max Schwimmer, der ihm 24 großartige Zeichnungen gewidmet hat.

Aber zu ihrer Zeit waren die Änderungen in der gesellschaftlichen Entwicklung und ihrer Moralansichten nicht vorauszusehen, die es heute ermöglichen, zu anderen Einsichten und Deutungen des Gedichts zu gelangen.

Bedeutende Beiträge dazu wurden schon erwähnt durch die Schriften von Ghibellino und Leithold. Die Verse von Tibull sind eben nicht zufällig von Goethe gewählt worden. Sie sind mit dem Gedicht ein offenes Bekenntnis zu einer großen und tiefen Liebe, die aber auch hier als ein Geheimnis verschlüsselt wird.

Meine Auffassung des Gedichts und die weiteren Betrachtungen sind keine wissenschaftliche Arbeit, dazu habe ich weder Kenntnisse noch Ausbildung. Beruflich hatte ich nie mit Literatur zu tun, war fast 40 Jahre Lehrer für Mathematik und Physik an verschiedenen Schulen in Thüringen. Die benutzte Literatur ist fast ausschließlich eigener Besitz, womit der Rahmen meiner Deutungen eingegrenzt ist. Seit mehr als 20 Jahren im Ruhestand hatte ich Zeit, mich mit den schönen Dingen des Lebens zu beschäftigen. So bewegten mich die neueren Veröffentlichungen nachhaltig, zumal ich aus der Schulzeit andere Vorstellungen hatte. Einige Autoren mögen mir verzeihen, wenn ich ihre Auffassungen nutzte, aber das war unerlässlich. Ich habe sie nur bestätigt oder mit meinen Ansichten ergänzt.

Im Anhang veröffentliche ich den Wortlaut der Rezension von Kurt Tucholsky alias Peter Panter „Iste Goethe“ und das vollständige Gedicht „Das Tagebuch“ von Johann Wolfgang von Goethe.

Jeder Leser kann sich somit seine eigene Meinung bilden.

Verwendete Literatur

Joh. Wolfgang von Goethe

Werke, hg. Im Auftrag der Großherzogin Sophie v. Sachsen 143 Bd. 1887 — 1919

Joh. P. Eckermann

Gespräche mit Goethe, F. A Brockhaus Leipzig 1948

Fritz Kühnlenz

Erlebtes Weimar, Greifenverlag zu Rudolstadt 1968

Günther Wallraf

Geschichte der Stadt Weimar, Hermann Böhlaus Nachfolger Weimar 1975

Siegfried Seidel

Der Briefwechsel zwischen Schiller und Goethe, Insel Verlag Leipzig 1984

Sigrid Damm

Christiane und Goethe, Insel Verlag Frankfurt a. M. 1998

Ida Boy-Ed

Das Martyrium der Charlotte von Stein, J. G. Cottasche Buchhandlung Nachfolger Stuttgart u. Berlin 1916

Astrid Seele

Frauen um Goethe, Rowohlt Taschenbuch Verlag GmbH Reinbeck bei Hamburg

Ettore Ghibellino

Goethe und Anna Amalia - Eine verbotene Liebe, Denkena - Verlag Weimar 2003

Ilse Nagelschmidt

Alles um Liebe, Denkena - Verlag Weimar 2008

Norbert Leithold

Norbert Leithold: Graf Goertz. Der große Unbekannte: Eine Entdeckungsreise in die Goethe-Zeit. Osburg, 2010

Helmut Koopmann

Goethe und Frau von Stein, Verlag C. H. Beck München 2002

Tilmann Jens

Goethe und seine Opfer, Patmos Verlag GmbH u. Co.KG Düsseldorf 2005

Dagmar v. Gersdorff

Goethes Mutter, Insel Verlag Frankfurt a. M. u. Leipzig 2001

Ulrike Müller

Die klugen Frauen von Weimar, Elisab. Sandmann Verlag München 2009

Deutsche Post AG

Goethe und Weimar, Wrage u. Company Hamburg 1999

Joh. Wolfgang von Goethe

Werke in 16 Bd. Verlag Th. Knaur Nachf.

diverse

Brockhaus Enzyklopädie in 24 Bd. Leipzig 2001

Jochanan Trilse-Finkelstein

Goethe und Anna Amalia: ein neues klassisches Liebespaar; Denkena - Verlag Weimar 2008

Leonie/Joachim Berger

Anna Amalia von Weimar, Verlag C. H. Beck oHG München 2006

Langenscheidt - Redaktion

Schulwörterbuch Latein

Kurt Tucholsky

Die Weltbühne, 23.09.1920, Nr. 39, S. 334 www.textlog.de/tucholsky-goethe-tagebuch.html

Joh. Wolfgang von Goethe

„Das Tagebuch“, www.gedichte.co/goe_jw03.html

„Das Tagebuch“, Verlag der Nation, Berlin, 7. Auflage 1973

iste Goethe

In der Schule haben wir gelernt, dass iste, ista, istud (nicht istum!) dieser da, der da heißt - und zwar mit einer verächtlichen Nebenbetonung. Nun, dieser Goethe da ist Goethe heute noch für Menschen, die geschlechtliche Beziehungen nur zu dreierlei Zwecken anerkennen: als Objekt der medizinischen Forschung; als Unterlage für eine philologische Doktorarbeit (Friederike Brion, Frau von Stein - hat er? hat er nicht?); schließlich, weil es denn einmal sein muß: in der Ehe. Wir aber wollen istum Goethe betrachten.

Der Hyperion-Verlag zu Berlin hat in seiner Dionysos-Bücherei >Das *Tagebuch*< als Sonderdruck herausgegeben, jenes wenig bekannte Gedicht von Goethe, das in der großen Weimarer Ausgabe zu finden ist und in dem entzückenden, langst vergriffenen Goethe-Brevier von Hardeben - sonst aber nirgends. Schade, dass das Buch nicht sehr hübsch gedruckt ist - vor allem ist es lästig, nach jeder Strophe umzublättern, ein Gedicht ist eine einzige Sache, die man nicht auseinanderreißen darf. Sollte der nötige Umfang für den Preis herauskommen? Nun ist *>Das Tagebuch<* in dieser Publikation das geworden, was es auf keinen Fall sein soll: ein Leckerbissen für Feinschmecker und Junggesellen.

Das Gedicht ist 1810 entstanden. Es erzählt, in wundervoll mühelosen ottave rime, wie der Dichter von einer Reise wieder nach Hause zurückkehrt - zugrunde liegt ein Erlebnis nach der dritten Schweizer Reise - und kurz vor der Heimat übernachtet er in einem Wirtshaus. Nach Hatz und Gehämmer des Tages umfängt ihn die freundliche Stille des Hauses.

So stand ich nun. Der Stern des nächsten Schildes berief mich hin, die Wohnung schien erträglich. Ein Mädchen kam, des seltensten Gebildes, das Licht erleuchtend. Mir ward gleich behäglich. Hausflur und Treppe sah ich als ein Mildes, die Zimmerchen erfreuten mich unsäglich.

Ein Mädchen kommt, und weil sie sehr graziös ist, und weil es Abend ist, und weil er ein Mann ist –

Den Stuhl umwerfend spring ich auf und fasse das schöne Kind; sie lispelt: »Lasse, lasse!«

»Die 'Muhme drunten lauscht, ein alter Drache«, und ihr »Nicht!« besagt: »Noch nicht!«, und sie schenkt ihm eine Nacht, die Nacht.

Es ist ein Mädchen, was er nicht erwartet hat. Sie sagt ihm - und er glaubts: »Du hast mich rein!« Und was nun geschildert ist, das klingt so süß und rein und natürlich, dass ich schon zu

schwierigen Vokabeln wie hellenische Lebensfreude greifen müßte, um den Nichtlesern klar zu machen, was ich meine.

Die Impotenz ist ein Ding, von dessen angeblichem Humor das alte Residenz-Theater jahrzehntelang gelebt hat: hier ist sie nicht tragisch und nicht psychopathologisch ausgebeutet - hier ist sie auf Urtriebe zurückgeführt. Er denkt, da er >im Schimpf< neben ihr liegt, an das Nestelknüpfen, an den alten Wunderglauben von dem Vermögen der Mädchen, einem Mann die Liebeskraft abzuschwören - und blitzartig läuft die Erinnerungsspule ab: wie er seine wahre Geliebte zu Hause kennen lernte.

Vervielfacht war, was sich für sie bewegte: Verstand und Witz und alle Lebensgeister

- und wie er stets sie so stark hatte lieben können, wie er sie eben liebte. An dieser Stelle eine unerhörte Steigerung: er erinnert sich, wie er sogar vor dem Altar sie begehrte - was bei Wedekind eine Blasphemie wäre (Schigolch greift Lulu ans Bein: »Ich schwöre bei allem, was heilig ist!«), das ist hier rein und unbefangen, weil es nichts von Christus weiß.

Und jetzt -? Das Mädchen ist eingeschlafen, und als er endlich seine Lebensgeister ganz erwachen fühlt, vermag er es doch nicht, sie zu nehmen.

Er schaudert weg, vorsichtig, leise, leise entzieht er sich dem holden Zauberkreise.

Sitzt, schreibt:

Ich nahte mich der heimischen Pforte, entfernen wollten mich die letzten Stunden. Da hab ich nun, am sonderbarsten Orte, mein treues Herz aufs neue dir verbunden. Zum Schlusse findest du geheime Worte: Die Krankheit erst bewähret den Gesunden, Dies Büchlein soll dir manches Gute zeigen, das Beste nur muß ich zuletzt verschweigen.

Und fährt fort, mit der nächsten Post, - »er wirft sich in den Wagen, und läßt getrost sich zu der Liebsten tragen«.

Das ist nichts? Und wir seien doch stärkeren Tobak gewöhnt? Es ist eben das Traurige, dass wir Tobak zum Rauchen suchen, wo wir ein Gedicht lesen sollten. Aber es dreht sich freilich um den verachteten, maßlos überschätzten Stoff.

Vor dem Kriege hat man uns mit Erotik überfüttert. Es ging so weit, dass man heute alle diese schein-wissenschaftlichen, scheinkunstgeschichtlichen Publikationen jenen überläßt, für die sie gemacht sind: den ewigen Untertertianern. Aber was unsre Männergesangsvereine zur Verhütung der außerehelichen Unsittlichkeit mit falschen Argumenten befehden, lehnen wir aus einem ganz andern Grunde ab: Wir wissen wohl, wie viel die Erotik bedeutet; aber wir wissen auch, dass sie nicht alles bedeutet. Die Freud-Schüler, die nach Aussage des Meisters leider nicht alle einen Popo haben, auf den man sie hauen kann, sehen Helenen in jeder Vertiefung und den Phallus in jeder Tischkante, Hänschen Heinzchen Ewerschen bietet den einsamen jungen Damen alles Mögliche fürs Geld. der schlaue Fuchs hat sämtliche Gemälde von den Ägyptern bis zu den Expressionisten daraufhin gesichtet, ob oder ob nicht, und die mit >ob< zu teuern, schlecht geschriebenen Büchern vereinigt - aber innerlich freier sind wir dadurch nicht geworden. Wird die Erotik nicht bürgerlich verlogen verhüllt, dann wird sie bei den Samowaren der Eigenkleidler verhüllend umphilosophiert und auf alle Fälle sinnlos und sinnenwidrig überschätzt.

»Es ist«, spricht der Weise, »das große Geheimnis, welches nie und nirgends deutlich erwähnt werden darf, aber immer und überall sich, als die Hauptsache, von selbst versteht und daher den Gedanken aller stets gegenwärtig ist, weshalb auch die leiseste Anspielung darauf augenblicklich verstanden wird. Das Belustigende liegt in der steten Verheimlichung der Hauptsache.«

Das ist allerdings der Humor davon, aber ich fände es viel hübscher, wir machten nicht gar so viel Wesens davon. Die Tatsache, dass zwei Menschen miteinander ins Bett gehen, kann ich nicht so grauenhaft aufregend finden wie unsre halbe

Literatur und unsre ganze Presse. Wie frei, wie über allem Sumpf erhaben ist jenes Thema im >Tagebuch< abgehandelt; es sagt: So fühlte ich. Und es klingt wieder: Wer doch so fühlte!

Ich plädiere nicht für das keusche Pastorenhaus, wo diese Dinge tabu sind (nach der Melodie: >Ein Bidet ist ein Geigenkasten auf Beinen<) - ich glaube, daß man erst durch Himmel und Hölle hindurch muß, ehe man frei und gescheit ein Mädchen küßt, eine Frau liebt und eine Sommernacht lang vergnügt ist. Aber wir sollten nicht gar zu fromm zum Leib beten und ihn nicht gar zu feierlich verfluchen.

>Das Tagebuch< aber schließt so:

Und weil zuletzt bei jeder Dichtungsweise Moralien uns ernstlich fördern sollen, -so will auch ich in so beliebtem Gleise

euch gern bekennen, was die Verse wollen: Wir stolpern wohl auf unsrer Lebensreise, und doch vermögen in der Welt, der tollen, zwei Hebel viel aufs irdische Getriebe:

Sehr viel die Pflicht, unendlich mehr die Liebe!

Ihr werdet sagen, Peter Panter sei ein altmodischer Spießer. Ich möchte dafür plädieren, dass er ein Mensch ist.

Peter Panter

(Die Weltbühne, 23.09.1920, Nr. 39, S. 334)

Johann Wolfgang von Goethe

Das Tagebuch

Wir hören's oft und glauben's wohl am Ende:
Das Menschenherz sei ewig unergründlich,
Und wie man auch sich hin und wider wende,
So sei der Christe wie der Heide sündlich.
Das Beste bleibt, wir geben uns die Hände
Und nehmen's mit der Lehre nicht empfindlich;
Denn zeigt sich auch ein Dämon, uns versuchend,
So waltet was, gerettet ist die Tugend.

Von meiner Trauten lange Zeit entfernet,
Wie's öfter geht, nach irdischem Gewinne,
Und was ich auch gewonnen und gelernet,
So hatt' ich doch nur immer sie im Sinne;
Und wie zur Nacht der Himmel erst sich sternet,
Erinnrung uns umleuchtet ferner Minne:
So ward im Federzug des Tags Ereignis
Mit süßen Worten ihr ein freundlich Gleichnis.

Ich eilte nun zurück. Zerbrochen sollte
Mein Wagen mich noch eine Nacht verspäten;
Schon dacht' ich mich, wie ich zu Hause rollte,
Allein da war Geduld und Werk vonnöten.
Und wie ich auch mit Schmied und Wagner tollte,
Sie hämmerten, verschmähten, viel zu reden.
Ein jedes Handwerk hat nun seine Schnurren.
Was blieb mir nun? Zu weilen und zu murren.

So stand ich nun. Der Stern des nächsten Schildes
Berief mich hin, die Wohnung schien erträglich.
Ein Mädchen kam, des seltensten Gebildes,
Das Licht erleuchtend. Mir ward gleich behäglich.
Hausflur und Treppe sah ich als ein Mildes,
Die Zimmerchen erfreuten mich unsäglich.
Den sündigen Menschen, der im Freien schwebet -
Die Schönheit spinnt, sie ist's, die ihn umwebet.

Nun setzt' ich mich zu meiner Tasch' und Briefen
Und meines Tagebuchs Genauigkeiten,
Und wie sonst, wenn alle Menschen schliefen,
Mir und der Trauten Freude zu bereiten;
Doch weiß ich nicht, die Tintenworte liefen
Nicht so wie sonst in alle Kleinigkeiten;
Das Mädchen kam, des Abendessens Bürde
Verteilte sie gewandt mit Gruß und Würde.

Sie geht und kommt; ich spreche, sie erwidert;
Mit jedem Wort erscheint sie mir geschmückter.
Und wie sie leicht mir nun das Huhn zergliedert,
Bewegend Hand und Arm, geschickt, geschickter -
Was auch das tolle Zeug in uns befiedert -
Genug, ich bin verworrner, bin verrückter,
Den Stuhl umwerfend, spring' ich auf und fasse
Das schöne Kind; sie lispelt: „Lasse, lasse!

Die Muhme drunten lauscht, ein alter Drache,
Sie zählt bedächtig des Geschäfts Minute;
Sie denkt sich unten, was ich oben mache,
Bei jedem Zögern schwenkt sie frisch die Rute,
Doch schließe deine Türe nicht und wache,
So kommt die Mitternacht uns wohl zugute."
Rasch meinem Arm entwindet sie die Glieder
Und eilet fort und kommt nur dienend wieder;

Doch blickend auch! So daß aus jedem Blicke
Sich himmlisches Versprechen mir entfaltet.
Den stillen Seufzer drängt sie nicht zurücke,
Der ihren Busen herrlicher gestaltet.
Ich sehe, daß am Ohr, um Hals und G'nicke
Der flüchtigen Röte Liebesblüte waltet,
Und da sie nichts zu leisten weiter findet,
Geht sie und zögert, sieht sich um, verschwindet.

Der Mitternacht gehören Haus und Straßen,
Mir ist ein weites Lager aufbereitet,
Wovon den kleinsten Teil mir anzumaßen
Die Liebe rät, die alles wohl bereitet;
Ich zaudre noch, die Kerzen auszublasen,
Nun hör' ich sie, wie leise sie auch gleitet,
Mit gierigem Blick die Hochgestalt umschweif' ich,
Sie senkt sich her, die Wohlgestalt ergreif' ich.

Sie macht sich los: „Vergönne, daß ich rede,
Damit ich dir nicht völlig fremd gehöre.
Der Schein ist wider mich; sonst war ich blöde,
Stets gegen Männer setzt' ich mich zur Wehre.
Mich nennt die Stadt, mich nennt die Gegend spröde;
Nun aber weiß ich, wie das Herz sich kehre:
Du bist mein Sieger, laß dich's nicht verdrießen!
Ich sah, ich liebte, schwur, dich zu genießen.

Du hast mich rein, und wenn ich's besser wüßte,
So gäb ich's dir; ich tue, was ich sage."
So schließt sie mich an ihre süßen Brüste,
Als ob ihr nur an meiner Brust behage.
Und wie ich Mund und Aug' und Stirne küßte,
So war ich doch in wunderbarer Lage:
Denn der so hitzig sonst den Meister spielet,
Weicht schülerhaft zurück und abgekühlet.

Ihr scheint ein süßes Wort, ein Kuß zu g'nügen,
Als wär' es alles, was ihr Herz begehrte.
Wie keusch sie mir, mit liebevollem Fügen,
Des süßen Körpers Fülleform gewährte!
Entzückt und früh in allen Zügen
Und ruhig dann, als wenn sie nichts entbehrte.
So ruht' ich auch, gefällig sie beschauend,
Noch auf den Meister hoffend und vertrauend.

Doch als ich länger mein Geschick bedachte,
Von tausend Flüchen mir die Seele kochte,
Mich selbst verwünschend, grinsend mich belachte,
Nichts besser ward, wie ich auch zaudern mochte,
Da lag sie schlafend, schöner als sie wachte;
Die Lichter dämmerten mit langem Dochte.
Der Tagesarbeit, jugendlicher Mühe
Gesellt sich gern der Schlaf und nie zu frühe.

So lag sie himmlisch an bequemer Stelle,
Als wenn das Lager ihr allein gehörte,
Und an die Wand gedrückt, gequetscht zur Hölle,
Ohnmächtig jener, dem sie nichts verwehrte.
Vom Schlangenbisse fällt zunächst der Quelle
Ein Wandrer so, den schon der Durst verzehrte.
Sie atmet lieblich holdem Traum entgegen;
Er hält den Atem, sie nicht aufzuregen.

Gefaßt bei dem, was ihm noch nie begegnet,
Spricht er zu sich: So mußt du doch erfahren,
Warum der Bräutigam sich kreuzt und segnet,
Vor Nestelknüpfen scheu sich zu bewahren.
Weit lieber da, wo's Hellebarden regnet,
Als hier im Schimpf! So war es nicht vor Jahren,
Als deine Herrin dir zum ersten Male
Vors Auge trat im prachterhellten Saale.

Da quoll dein Herz, da quollen deine Sinnen,
So daß der ganze Mensch entzückt sich regte.
Zum raschen Tanze trugst du sie von hinnen,
Die kaum der Arm und schon der Busen hegte,
Als wolltest du dir selbst sie abgewinnen;
Vervielfacht war, was sich für sie bewegte:
Verstand und Witz und alle Lebensgeister
Und rascher als die andern jener Meister.

So immerfort wuchs Neigung und Begierde,
Brautleute wurden wir im frühen Jahre,
Sie selbst des Maiens schönste Blum und Zierde;
Wie wuchs die Kraft zur Lust im jungen Paare!
Und als ich endlich sie zur Kirche führte,
Gesteh' ich's nur, vor Priester und Altare,
Vor deinem Jammerkreuz, blutrünstiger Christe,
Verzeih mir's Gott, es regte sich der Iste.

Und ihr, der Brautnacht reiche Bettgehänge,
Ihr Pfühle, die ihr euch so breit erstrecktet,
Ihr Teppiche, die Lieb und Lustgedränge
Mit euren seid'nen Fittichen bedecktet!
Ihr Käfigvögel, deren Zwitschersänge
Zu neuer Lust und nie zu früh uns wecktet!
Ihr kanntet uns, von eurem Schutz umfriedet,
Teilnehmend sie, mich immer unermüdet.

Und wie wir oft sodann im Raub genossen
Nach Buhlenart des Ehstands heilge Rechte,
Von reifer Saat umwogt, vom Rohr umschossen,
An manchem Unort, wo ich's mich erfrechte,
Wir waren augenblicklich, unverdrossen
Und wiederholt bedient vom braven Knechte!
Verfluchter Knecht, wie unerwecklich liegst du!
Und deinen Herrn ums schönste Glück betrügst du.

Doch Meister Iste hat nun seine Grillen
Und läßt sich nicht befehlen noch erachten,
Auf einmal ist er da, und ganz im stillen
Erhebt er sich zu allen seinen Prachten;
So steht es nun dem Wandrer ganz zu Willen,
Nicht lechzend mehr am Quell zu übernachten.
Er neigt sich hin, er will die Schläferin küssen,
Allein er stockt, er fühlt sich weggerissen.

Wer hat zur Kraft ihn wieder aufgestählet,
Als jenes Bild, das ihm auf ewig teuer,
Mit dem er sich in Jugendlust vermählet?
Dort leuchtet her ein frisch erquicklich Feuer,
Und wie er erst in Ohnmacht sich gequälet,
So wird nun hier dem Starken nicht geheuer;
Er schaudert weg, vorsichtig, leise, leise
Entzieht er sich dem holden Zauberkreise.

Sitzt, schreibt: „Ich nahte mich der heimischen Pforte,
Entfernen wollten mich die letzten Stunden,
Da hab' ich nun, am sonderbarsten Orte,
Mein treues Herz aufs neue dir verbunden.
Zum Schlusse findest du geheime Worte:
DIE KRANKHEIT ERST BEWÄHRET DEN GESUNDEN.
Dies Büchlein soll dir manches Gute zeigen,
Das Beste nur muß ich zuletzt verschweigen.“

Da kräht der Hahn. Das Mädchen schnell entwindet
Der Decke sich und wirft sich rasch ins Mieder.
Und da sie sich so seltsam wiederfindet,
So stutzt sie, blickt und schlägt die Augen nieder;
Und da sie ihm zum letztenmal verschwindet,
Im Auge bleiben ihm die schönen Glieder.
Das Posthorn tönt, er wirft sich in den Wagen
Und läßt getrost sich zu der Liebsten tragen.

Und weil zuletzt bei jeder Dichtungsweise
Moralien uns ernstlich fördern sollen,
So will auch ich in so beliebtem Gleise
Euch gern bekennen, was die Verse wollen:
Wir stolpern wohl auf unsrer Lebensreise,
Und doch vermögen in der Welt, der tollen,
Zwei Hebel viel aufs irdische Getriebe:
Sehr viel die Pflicht, unendlich mehr die Liebe!

(April 1814)